VIAJES DE VIKINGOS

EDICIÓN PATHFINDER

Por Fran Downey y Amy Ostenso

CONTENIDO

Viajes de VIKINGOS

Por Fran Downey

Durante casi 300 años, los vikingos infundieron miedo entre sus enemigos. Los vikingos eran temerarios guerreros que arrasaban con los pueblos, atacaban los fuertes, robaban el oro y capturaban esclavos.

Sin embargo, no todos los vikingos eran villanos. Algunos eran granjeros y artesanos, mientras otros se dedicaban a descubrir nuevas tierras. Ellos fueron los primeros europeos en navegar a Norteamérica, pero su historia se desvanece en la neblina de los tiempos. Ha llegado el momento de conocer a los verdaderos vikingos.

Todas las historias tienen un comienzo,

y esta no es la excepción. Comienza el 8 de junio del año 793, el día que los barcos vikingos navegaron hacia el Sudoeste para llegar a una pequeña **isla** en la costa de Inglaterra.

Muy pronto los **habitantes** de la isla detectaron los barcos, si bien todavía estaban bastante lejos. Era imposible que los habitantes de la isla divisaran quiénes iban a bordo de los barcos.

Nadie sabía lo que iba a pasar, ni tampoco que ese día comenzaba un nuevo capítulo en la historia. Lo único que podían hacer era esperar... y preguntarse...

Linda copa. *Los vikingos utilizaban cuernos de buey como este que ven aquí como copas en ocasiones especiales.*

¡Remando a la costa!

Los barcos se acercaron, cada uno con cien hombres a bordo. Algunos de ellos se encargaban de los largos remos, zambulléndolos en el agua. A medida que los hombres remaban, los barcos se impulsaban hacia adelante.

Junto a los remeros se encontraban feroces guerreros. Cada uno de ellos usaba un pesado casco de metal. Algunos portaban espadas y otros llevaban hachas. Todos estaban ansiosos por invadir la isla.

Y eso es exactamente lo que hicieron. En cuanto los barcos llegaron a la costa, los guerreros saltaron a tierra y saquearon la isla. Se llevaron todos los objetos de valor y cargaron el tesoro en sus barcos. Luego se fueron navegando y dejaron su huella en la historia.

El ataque a la isla fue la primera invasión vikinga y el comienzo de la era vikinga. Durante los siguientes tres siglos, las personas de las costas europea vivieron aterrorizadas de los barcos vikingos.

La vida en las aldeas

Los vikingos son reconocidos por sus barcos y sus audaces aventuras en el mar. Sin embargo, la mayoría de ellos nunca salió a navegar. Muchos vivían en pequeñas aldeas en un territorio que ahora forma parte de Dinamarca, Noruega y Suecia.

Las aldeas estaban rodeadas de muros que evitaban la entrada de enemigos. Dentro de los muros, la gente vivía su vida cotidiana. Muchos trabajaban como mercaderes y artesanos, comprando y vendiendo productos que otros vikingos habían robado en tierras lejanas.

Los aldeanos construían casas. Los constructores clavaban grandes postes en la tierra y tejían ramas entre ellos. Luego arrojaban lodo por encima de las ramas y utilizaban tierra para construir el techo.

Rostros poco
amigables. *Esta pintura
muestra a los invasores
vikingos cerca del año 1100.*

Casas de tepe. *Es posible que los vikingos hayan vivido en casas de este estilo.*

En la granja

Sin embargo, la mayoría de los vikingos vivía en granjas, no en aldeas. Cosechaban verduras, como garbanzos y repollos, y criaban ganado. Se alimentaban de carne vacuna y de cordero, y tomaban la leche de las vacas, las ovejas y las cabras.

La vida de los vikingos era ajetreada, ya que siempre había trabajo que hacer. La temporada de cosecha era corta, y los inviernos eran largos. Los granjeros debían asegurarse de tener suficiente comida para resistir los fríos y crudos días de invierno.

De todas maneras, los vikingos disfrutaban de los deportes y otras formas de entretenimiento. Les gustaba esquiar y nadar. También jugaban al ajedrez y a otro juego parecido a las damas.

También practicaban la religión. Los vikingos creían en muchos dioses, incluyendo a Odín, el rey de sus dioses, quien atravesaba los cielos en un caballo de ocho patas. Thor era otro de sus dioses. Los vikingos siempre sabían cuando Thor estaba cerca. Creían que se producían relámpagos y truenos cuando Thor cruzaba el cielo en su carro de guerra.

Algunos de los nombres de los días de la semana provienen de estos dioses. Por ejemplo, "Thursday", la palabra inglesa para el día jueves, proviene de una palabra vikinga que significa el día de Thor, y "Friday", la palabra inglesa para el día viernes, quiere decir el día de Frigg. Frigg era la esposa de Odín.

El señor del trueno. *Esta estatua muestra a Thor, el dios vikingo del trueno y el relámpago. También luchaba contra los gigantes.*

¡Barco a la vista!

Las aldeas vikingas eran similares a muchas de las aldeas de esa época. Sin embargo, sus barcos eran completamente diferentes. Los barcos vikingos eran maravillas de la ingeniería en ese momento. Nadie más tenía barcos similares. De hecho, los vikingos les debían gran parte de su éxito a los constructores de sus barcos.

Todos sus barcos eran veloces. Los cascos estaban diseñados para deslizarse por encima de las olas, lo cual hacía que fueran más veloces que los barcos que simplemente se abrían camino a través del mar. Las grandes velas de todos colores atrapaban el viento e impulsaban los barcos sobre las aguas. Algunas velas medían 40 pies de largo.

Cuando los barcos avanzaban cerca de la costa o por los ríos, los vikingos bajaban las velas y utilizaban remos. Los barcos tenían hasta 50 remos.

Estas veloces naves eran enormes; algunas medían más de 90 pies de largo. Eran capaces de transportar tanto guerreros como caballos.

Monedas vikingas. *Los vikingos amaban sus barcos. De hecho, ¡colocaban dibujos de ellos en sus monedas!*

BARCO VIKINGO

Los vikingos utilizaban las velas para deslizarse por el mar. Cerca de la costa o por los ríos, utilizaban los remos para impulsar el barco.

Mástil

Vela

Proa

Popa

Jarcias

Casco

Remo de dirección

Remos

Los descubridores

Algunos de los hombres vikingos dejaban a sus esposas, familias y hogares para embarcarse en largas **travesías** que a menudo duraban años. Estos increíbles viajes los llevaban a tierras lejanas.

Los vikingos navegaron a Inglaterra, Francia, España e Italia, y también hacia África y Asia. También fueron los primeros europeos en llegar al **continente** de Norteamérica.

El viaje hacia Norteamérica fue lento y debieron parar varias veces en el camino. En el año 860, los vikingos llegaron a la isla de Islandia. Muchos años después, en el 982, un vikingo llamado Erik el Rojo descubrió Groenlandia.

Nuevas tierras

Eran tiempos emocionantes. Los vikingos estaban descubriendo nuevas tierras y mudándose a nuevos lugares. Luego se expandió el rumor de que habían divisado un territorio desconocido. Erik el Rojo quería ir allí, pero nunca concretó su plan. Cuando se dirigía hacia su barco, Erik se cayó del caballo. Temiendo que esto significara que lo rondaba la mala suerte, canceló el viaje.

El hijo de Erik, Leif Eriksson, sí realizó el viaje. Allá por el año 1000, no solo divisó las nuevas tierras, sino que las pisó. Les puso el nombre de Vinlandia. Era la Costa Este de Norteamérica. Probablemente haya navegado por la costa y tal vez incluso haya llegado a lo que hoy es la ciudad de Nueva York.

Los viajeros de Vinlandia. *Esta pintura muestra colonos vikingos llegando a Vinlandia poco después del año 1000.*

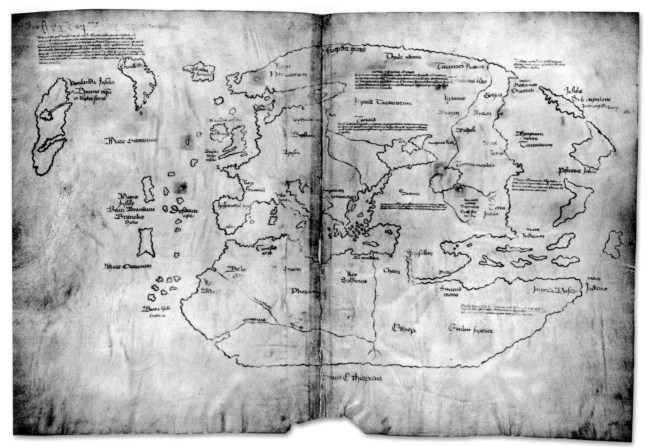

Mapa de Vinlandia

El mapa del misterio

Existe amplia evidencia de que los vikingos se asentaron en Norteamérica. Las leyendas antiguas cuentan sus aventuras en Vinlandia. Los arqueólogos han descubierto una aldea vikinga en Canadá, e incluso es posible que haya un mapa vikingo en el que aparece Vinlandia.

El mapa está un tanto descolorido, pero se pueden observar claramente algunas partes de Europa. También se pueden ver Islandia y Groenlandia. Lejos de estas islas se encuentra Vinlandia. No se asemeja mucho a lo que hoy es Norteamérica. Después de todo, los vikingos solamente conocían una pequeña parte del continente.

No todo el mundo cree que los vikingos dibujaron este mapa. Algunos piensan que es falso y señalan que es el único mapa conocido que muestra los descubrimientos vikingos en Norteamérica. ¿Por qué habrán dibujado un solo mapa? Nadie lo sabe.

El mapa es solo un misterio más en la historia sin fin de los vikingos. Los científicos no dejan de buscar pistas del pasado de los vikingos. Quizás nunca conozcamos su historia completa. Sin embargo, hay algo seguro. Las coloridas historias de los vikingos constituyen una parte importante de la historia estadounidense.

VOCABULARIO

continente: gran extensión de tierra

habitante: persona que vive en un lugar

isla: porción de tierra que se encuentra completamente rodeada por agua

travesía: un largo viaje a bordo de un barco

VIAJES DE DESCUBRIMIENTO

Por Amy Ostenso

Cuando los guerreros vikingos navegaban por las costas de Europa, invadían los asentamientos y se llevaban el oro y otros objetos de valor. Pero Erik el Rojo y su hijo Leif Eriksson eran diferentes. Cuando estos vikingos navegaron por las aguas desconocidas al oeste de Islandia, iban en busca de otro tipo de tesoro. Estos vikingos eran exploradores. Habían oído historias acerca de extrañas tierras ubicadas más allá del horizonte. Querían hallar esas nuevas tierras y saber si las historias eran verdaderas.

Durante la era vikinga, la navegación, o los viajes por el océano, eran complicados y peligrosos. No había mapas precisos ni modernas herramientas de navegación. La mayoría de los marineros prefería navegar cerca de la costa. Al no perder de vista a la costa, los marineros podían buscar lugares conocidos, o puntos de referencia. Navegar cerca de los puntos de referencia evitaba que los marineros se perdieran.

Sin embargo, los exploradores vikingos navegaban en sus barcos muy lejos de la costa. Sus viajes por el océano Atlántico hacia Groenlandia y Norteamérica exigieron que estos exploradores viajaran lejos de la tierra firme durante muchos días. ¿Cómo sabían dónde ir? Aquí te contamos sus métodos.

LOS PATRONES DE LAS NUBES

Los exploradores vikingos sabían que las nubes tienden a formarse por encima de la tierra. Al observar bancos de nubes a la distancia, los marineros podían saber que había tierra firme cerca.

NUEVAS HERRAMIENTAS

Es posible que los exploradores vikingos hayan inventado una simple herramienta de navegación. Se trata de un disco de madera, conocido como compás solar. Algunos científicos piensan que los marineros vikingos utilizaban esta herramienta para saber su posición o latitud. En otras palabras, les mostraba a los marineros cuán al Norte o al Sur estaban. Solo se encontraron dos posibles discos compás. Otros científicos no creen que estos discos se hayan usado para ese propósito.

TRAVESÍA VIKINGA

RUTA DE NAVEGACIÓN: ○○○○○○○○○
CORRIENTES OCEÁNICAS: ⟶

GROENLANDIA

HELLULAND
(Isla de Baffin)

MARKLAND
(Labrador)

VINLANDIA
(Provincias
Marítimas)

ISLANDIA

ESCANDINAVIA

ISLAS
DEL OESTE
(Irlanda y
Escocia)

OCÉANO ATLÁNTICO

LOS VIENTOS Y LAS CORRIENTES

Los exploradores vikingos sabían que los vientos y las corrientes oceánicas del Atlántico Norte se mueven en una dirección constante. Los marineros se dieron cuenta de que, cuando seguían los vientos y las corrientes, llegaban al mismo lugar al final de cada viaje.

EL SOL Y LAS ESTRELLAS

Los marineros siempre han utilizado el Sol y las estrellas para ubicar su dirección de viaje. El Sol se mueve por el cielo desde el Este, en la mañana y hacia el Oeste, por la tarde. A la noche, la estrella Polar les muestra a los marineros dónde queda el Norte.

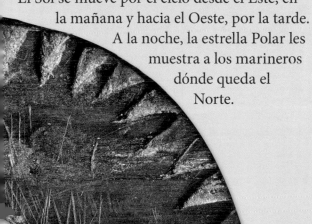

Compás solar vikingo

EL VUELO DE LAS AVES

Muchas aves del Atlántico Norte pasan mucho tiempo en el mar, pero se reproducen en tierra. Por eso, cuando los marineros divisaban estas aves, sabían que podían seguirlas para llegar a tierra.

Frailecillo del Atlántico

Navegar por las aguas desconocidas del Atlántico Norte era aterrador y peligroso. Pero los exploradores vikingos estaban dispuestos a correr el riesgo. Buscaban hallar nuevas tierras en las que pudieran asentarse. Esperaban que sus descubrimientos los hicieran ricos y famosos. Y simplemente querían descubrir lo que había más allá del horizonte.

11

Búsqueda vikinga

Responde las siguientes preguntas para comenzar tu propio viaje hacia el descubrimiento.

1. ¿Por qué la gente les temía a los vikingos?

2. Describe la vida en las aldeas y granjas vikingas.

3. ¿Qué tenían de especial los barcos vikingos?

4. Nombra tres métodos de navegación que utilizaban los exploradores vikingos durante sus viajes.

5. ¿De qué forma los exploradores vikingos dejaron su huella en la historia?